赢在最强大脑

看看谁的反应快

崔钟雷 编著

知识出版社

前　言

　　"池塘边的榕树上，知了在声声叫着夏天。操场边的秋千上，只有蝴蝶停在上面。黑板上老师的粉笔还在拼命叽叽喳喳写个不停，等待着下课，等待着放学，等待游戏的童年……"

　　童年，是人一生中最富诗意、最为神秘的一段时光。在那段天真烂漫的时光里，我们对这个美妙的世界充满着无限的好奇与遐想。正如巴尔扎克所说："童年原是一生最美妙的阶段，那时的孩子是一朵花，也是一颗果子，是一片朦朦胧胧的聪明，一种永远不息的活动，一股强烈的欲望。"

　　本套丛书旨在培养儿童的思维创造性，训练思维的扩散性，培养思维的创新性，拓展思维的多样性，造就思维敏捷的天才少年。

　　本套丛书包括两个系列："脑筋急转弯"和"一分钟巧破案"，脑筋急转弯是一种趣味智力游戏，起源于古代印度，其简洁短小的问题暗藏玄机，出人意料的答案妙趣横生。在"脑筋急转弯"系列中，编者精心编选了最有创意的脑筋急转弯问题，让大脑突破原有的思维模式，大胆想象，放飞心灵的翅膀，在广阔无边的思维天空中自由翱翔。在"一分钟巧破案"系列中，编者精心构思了扑朔迷离的案情，五彩缤纷的场景，引导、激励孩子去探索和发现，找出其中的逻辑破绽。本书编者想借"游戏"之舟，进行一次诗意的智力之旅。当然，这里的"诗意"并非"诗词歌赋""琴棋书画"的高雅，而是一种儿童与生俱来的智慧，一种天性的诗意。《赢在最强大脑》为孩子灵性的伸展搭建了一个并不陡峭的高度，拨响了儿童内心诗的琴弦，给孩子更为温馨的诗意浸润。

泰戈尔说："一切教育都是从我们对儿童天性的理解开始的。"儿童是本能的缪斯，立足游戏，用童心的标尺"丈量"生活，以"诗意"的角度发掘生活，打造孩子的诗意童年，孩子灵性的激发便会多一份童心的灿烂，我们的教育教学也会多一份期待已久的诗意飞扬。

赢在最强大脑

赢 在 最 强 大 脑

有一个人，头上只剩三根头发，为什么他还要把中间那根拔掉？

他要"中分"。

牛皮的主要
用途是什么？

答案

用来把牛包住。

有一群小鸡
在菜地里乱跑，
小鸡是谁的？

答案

鸡妈妈的。

4

问题 Question

华盛顿小时候砍倒他父亲的樱桃树，他父亲为什么没有惩罚他？

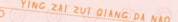

因为当时他手上还拿着斧头。

哪位名人最容易
被我们邀请到？

答案

曹操。因为
"说曹操，曹操
就到"。

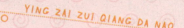

问题
Question

为什么牛顿会
发现地球引力？

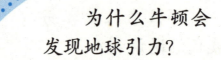

答案

他想找出是
谁用苹果砸了他。

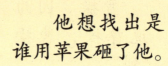

问题
Question

什么人一生下来就称王称霸?

姓王的人。

答案

我是王

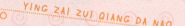

小明最不喜
欢什么样的蛋？

答案

考试成绩的
鸭蛋（零分）。

问题
Question

世界上谁的
肚子最大?

答案

宰相。因为"宰相肚里能撑船"。

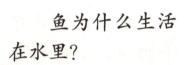

鱼为什么生活在水里?

答案

岸上有猫。

大灰狼拖走了羊妈妈，小羊为什么也跟了去?

答案

小羊在它妈妈的肚子里。

一张纸上有个五角硬币大小的洞，你能做到不撕破这张纸，就让一枚一元的硬币穿过去吗？

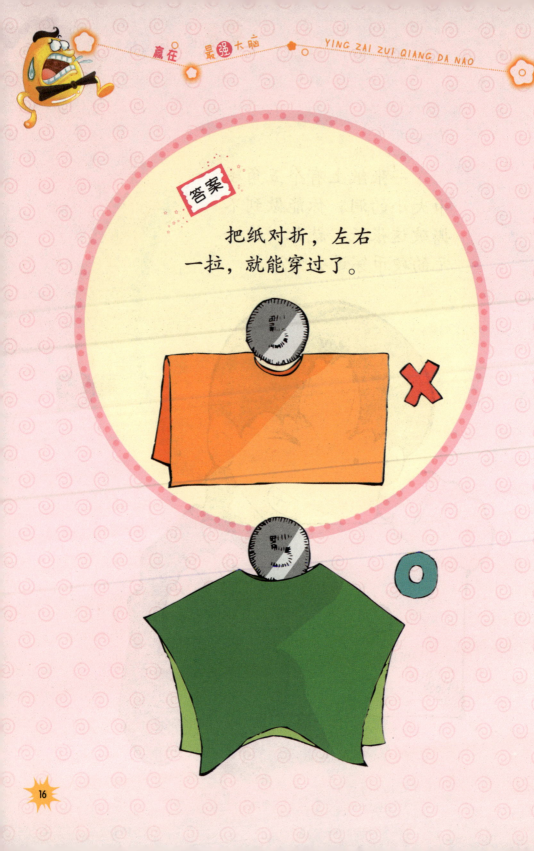

答案

把纸对折，左右
一拉，就能穿过了。

问题
Question

什么
老鼠跑得
最快?

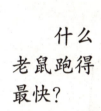

答案

见到猫的老鼠。

问题
Question

5月5日是小明的生日，6月5日是什么日子？

答案

小明满月。

问题
Question

泥瓦匠的专
长是什么？

答案

和稀泥。

问题
Question

9点和10点有
什么不一样?

答案

差一点!

差一点!

青蛙和狗参加游泳比赛，为什么青蛙在水里游不过狗？

因为比赛规定
禁止蛙泳。

问题
Question

当你向别人夸耀你的长处时，别人还会知道什么？

答案

知道你不是哑巴。

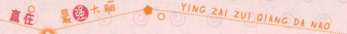

小红最胖时 30
公斤，最瘦时 3 公
斤，为什么？

答案

刚出生时，她
的体重为 3 公斤。

问题
Question

明明的皮球不慎落入一个洞中，该洞又窄又深，没人能进入洞中取回皮球，他该怎么办呢？

答案

往洞里灌水，
使皮球浮起来。

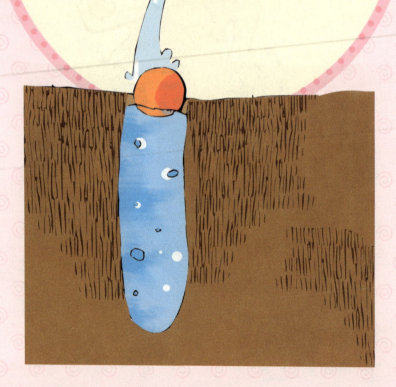

懦弱者常为自己的
失败寻找什么借口？

问题
Question

答案

命运啊，命运。

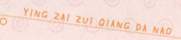

一块手表掉进水里，它会不会停？

答案

它不会停，会一直沉到水底。

在一个月黑风高的晚上，小李遇见一只鬼，那鬼竟吓得落荒而逃，为什么？

问题
Question

答案

小李遇见
的是胆小鬼。

问题
Question

正月十五吃元宵，八月十五吃月饼，十一月十五吃什么？

答案

吃饭。

问题 Question

总是和人
打架的人是谁？

答案

拳击手。

问题 Question

大勇总爱吹牛，他说他能把杯子倒着将水带走，小朋友们都不相信，但他却做到了，这是怎么回事呢？

答案

他将杯子倒扣在
装满水的盆里。

为什么小明用
一只手就能让车子
停下来?

问题
Question

答案

因为他打出租车。

问题
Question

小丽住在学校里，为什么她上学还经常迟到？

答案

她住的不是她上学的学校。

20世纪有一年正看倒看都一样，是哪一年？

答案

1961年。

问题
Question

一个养殖场没有养鸡，为什么还会有蛋吃？

答案

养的是鸭子。

人敲凳子会发出"砰砰"声，那么凳子敲人会发出什么声音呢？

5 个小孩儿吃 5 个包子需要 5 分钟，那么 10 个小孩儿吃 10 个包子需要几分钟？

5分钟。

毛毛很怕打针，但今天医生给他打针时，他觉得屁股不痛了，为什么？

答案

因为这次针打在他的手臂上。

问题
Question

穿奇装异服的
人最让谁头痛？

答案

裁缝。

期末考试时，阿胖6科都是零分。这点除了证明他没有专心学习外，还能证明什么呢？

答案

还能证明他
绝对没有作弊。

问题
Question

王先生年年有余，为什么钱还是存不住？

答案

因为他年年都被"炒鱿鱼"。

问题
Question

拿什么东
西不用手？

答案

拿主意。

你能谈谈18世纪世界上最伟大作家们的基本情况吗?

答案

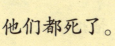

他们都死了。

问题
Question

花钱害己的人是什么人？

答案

抽烟的人。

小明的爸爸是个好厂长，可大家却说他永远当不上正厂长，为什么？

答案

他姓付。

问题
Question

什么瓜
不能吃?

答案

傻瓜。

问题
Question

哪一种船从来没下过水?

答案

宇宙飞船。

问题
Question

最喜欢战争
的人是谁？

答案

军火商。

问题
Question

小芸可以金鸡独立地站两小时以上，为什么却无法双脚在一张报纸上站一分钟？

答案

报纸是贴在墙上的。

老张喝醉了，他用石头砸电视机，电视机居然没坏，原因是什么？

没砸着。

问题
Question

牛的舌头和尾巴在什么地方能碰到一起？

答案

在饭店。

你拿着一盒火柴，走进一间黑屋，屋里有盏煤气灯，一支蜡烛，你先点燃什么？

问题 Question

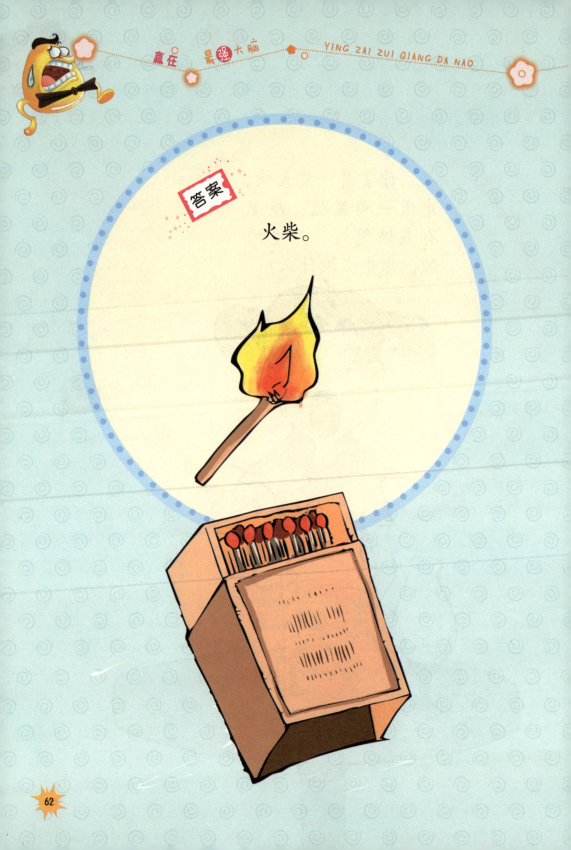

答案

火柴。

一个高30厘米的小凳子放在哪儿任何人都跨不过去?

答案

墙角。

问题
Question

皮球里是空气，那救生圈里是什么呢？

答案

是人。

谁没有任何罪过，
却被终身监禁？

动物园里
的动物。

问题
Question

报纸新闻和电视新闻最大的不同在哪里？

答案

报纸看完能再买，电视新闻不能。

小高正站在窗外，他表弟将一听可乐对着他倒了下去，可他没有被淋湿，地面也没有湿，为什么？

问题
Question

答案

小高仰着头张大嘴巴，把可乐全喝了。

一只老母鸡，怎样才能保住性命，不被主人宰杀呢？

答案

保证每天下一个蛋。

问题
Question

什么书
里面的毛病
最多?

答案

医学书。

时钟什么时候不会走?

答案

时钟本来就不会走。

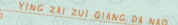

问题
Question

从飞行中的飞机里跳出来，最怕发生什么？

答案

忘带降落伞。

白雪公主跟包公结婚，生下来的孩子叫什么名字？

问题
Question

答案

灰姑娘。

为什么游泳比赛中，冬天时的成绩总比夏天时的好？

问题
Question

天气冷，大家都急着上岸。

答案

问题
Question

什么东西没有价值，而人们却非常想拥有它？

答案

无价之宝。

在罗马数字中，
"零"该怎么写呢？

问题
Question

罗马数字中没有零，所以谁也不知道该怎么写。

娇娇的爸爸在一次难度很大的考试中显得非常从容，为什么？

答案

因为他是监考。

一只苍蝇突然掉在顾客的汤里，谁会比顾客更倒霉呢？

答案

苍蝇。

谁最喜欢咬文嚼字?

答案

蛀书虫。

问题
Question

玛丽既没有生孩子，也没有领养孩子，但是她为什么当上了娘？

答案

玛丽当上了新娘。

李先生一直想带全家去北京旅游，请问他要花多少钱？

答案

"想" 是不用花
一分钱的！

什么枪能把
人打跑却不伤人?

比赛用的
发令枪。

问题 Question

经理不会做饭，可有一道菜特别拿手，是什么菜？

答案

"炒鱿鱼"。

问题
Question

大通和小玲的暑假作业一模一样，老师却没有批评他们互相抄袭，为什么？

89

答案

两人都没做。

问题
Question

小强的爸爸把电扇修好了，接了电源，为什么它还是不转？

答案

没电。

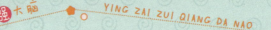

问题
Question

什么事情，只能用一只手去做？

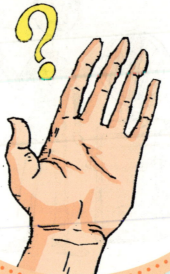

答案

剪自己的手指甲。

问题
Question

汽车在左转时，
哪个轮胎不转？

答案

备用轮胎。

问题
Question

炎热的夏天，小红在烈日下做剧烈运动，为什么没有中暑？

答案

她在水中游泳。

问题
Question

一个牢房里关了两名犯人。其中一个因偷窃要关一年，另一个是杀人犯，却只关了一个星期，为什么？

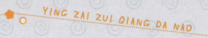

答案

杀人犯一个
星期后被处决。

人们常说："早起的鸟儿有虫吃。"那么早起的虫子呢?

非常危险。

问题
Question

人被打在什么地方
会一点痛苦都没有?

答案

别人身上。

一个胖子和一个瘦子决定从高处一起往下跳，那么谁会先到地面呢？

答案

地上围观的人。

星期二过去是星期三，星期三过去是星期四，星期四过去却是星期日，为什么？

答案

多撕了两张日历。

问题
Question

什么东西打碎
后还会完好如初？

答案

水面。

张先生连续拔了两天牙，为什么对他吃东西没有影响？

答案

他是牙医，为别人拔牙。

问题
Question

去动物园最先看见的是什么?

答案

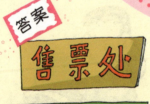

售票处。

世界上的语言有很多种，如中国话、英国话等。那么，什么话是世界通用的呢？

答案

电话。

美丽的公主结婚
以后就不挂蚊帐了，
为什么？

问题
Question

她嫁给了
青蛙王子。

答案

能容纳所有景物
的球是什么球？

答案

眼球。

笼子里关着一只可爱的大熊，可为什么当人们看到笼子前挂着的牌子后都不敢靠近？

问题 Question

答案

牌子上写着
"油漆未干"。

油漆未干

铁放在外面会
生锈，那金子呢？

答案

会被人拿走。

问题 Question

黑人生下的小孩儿，
牙齿是什么颜色的？

答案

还没长牙。

什么样的山和海
可以移动？

答案

人山人海。

问题
Question

人可以登上任何高山，可有一个地方却永远上不去，是哪里？

答案

自己的头顶。

问题
Question

小华手里写了两个字，他让 10 个小朋友读，大家都哈哈大笑，你猜是哪两个字？

答案

"哈哈" 两个字。

迈克是世界拳击比赛的冠军，但是他很容易被一种东西击倒，这种东西是什么呢？

瞌睡虫。

作家大仲马生平最好的作品是什么？

答案

他的儿子小仲马。

有钱人的苦恼是什么？

答案

把钱放在哪里。

问题
Question

什么东西必须从头做起？

答案

理发师理发。

一只鸟在天上飞，突然打了一个雷，鸟就掉下来了，为什么？

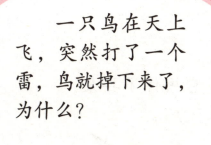

答案

它捂住了耳朵，
无法飞翔。

老师说学习要开动脑筋，小刚却问了一个让同学们哄堂大笑的怪问题，你知道是什么吗？

开动脑筋的开关在哪儿？

图书在版编目（CIP）数据

看看谁的反应快 / 崔钟雷编著. -- 北京：知识出
版社，2014.10
（赢在最强大脑）
ISBN 978-7-5015-8222-8

Ⅰ．①看… Ⅱ．①崔… Ⅲ．①智力游戏 – 青少年读物
Ⅳ．①G898.2

中国版本图书馆 CIP 数据核字(2014)第 217859 号

赢在最强大脑——看看谁的反应快

出 版 人	姜钦云	
责任编辑	周玄	
装帧设计	稻草人工作室	
出版发行	知识出版社	
地　　址	北京市西城区阜成门北大街 17 号	
邮　　编	100037	
电　　话	010-88390659	
印　　刷	北京一鑫印务有限责任公司	
开　　本	889mm×1194mm　1/16	
印　　张	8	
字　　数	40 千字	
版　　次	2014 年 10 月第 1 版	
印　　次	2020 年 2 月第 3 次印刷	
书　　号	ISBN 978-7-5015-8222-8	
定　　价	28.00 元	